DACNOMANIE
de Jean-Sébastien Larouche
est le cent trente-neuvième ouvrage
publié chez
LANCTÔT ÉDITEUR
et le neuvième de la collection
« J'aime la poésie ».

Autres ouvrages parus dans la collection
« J'aime la poésie »

DACNOMANIE

Jean-Sébastien Larouche

DACNOMANIE

suivi de

MARIE-JEANNE
ET AUTRES FUELS DE FOU

suivi de

HAÏKAÏ-47

poèmes

LANCTÔT
ÉDITEUR

LANCTÔT ÉDITEUR
1660 A, avenue Ducharme
Outremont (Québec)
H2V 1G7
Tél. : 270.6303
Téléc. : 273.9608
Adresse électronique : lanedit@total.net
Site internet : www.lanctotediteur.qc.ca

Illustration de la couverture :
Fred Laforge, *Abbatoir 5, n° 1* (tryptique). Cire à chaussure, goudron
sur bois. Chicoutimi, hiver 1999. (Collection personnelle).

Mise en pages et maquette de la couverture :
Folio infographie

Distribution :
Prologue
Tél. : (450) 434.0306 ou 1.800 .363.3864
Téléc. : (450) 434.2627 ou 1.800.361.8088

Distribution en Europe :
Librairie du Québec
30, rue Gay-Lussac
75005 Paris
France
Téléc. : 43.54.39.15

Nous remercions le ministère du Patrimoine canadien et le
Conseil des arts du Canada de l'aide accordée à notre
programme de publication. Nous remercions également la
SODEC, du ministère de la Culture et des Communications du
Québec, de son soutien.

Dépôt légal – 4e trimestre 2000
Bibliothèque nationale du Québec
ISBN 2-89485-147-2

I'm a pig I'm a dog
So excuse me if I drool.

WEEZER

what didadoo d'autre que naître
in nineteen somtinne
some place in the chaos
and now je suis K.-O.

GÉRALD GODIN

Ate two cans of soup
one after the other.
I feel healthy.

STEVEN JESSE BERNSTEIN

Dacnomanie, *s.f.* Impulsion qui pousse certains déséquilibrés à mordre.

Dictionnaire des termes techniques de médecine.

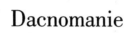

Dacnomanie

Ça sent l'haleine de l'hiver

le souffle frais de sa gueule
la roideur de ses crocs.
les feuilles pissent le sang.
les gens restent cachés en dedans.
cloîtrés chez eux. les amoureux
de l'été se flagellent. pour s'exciter.
le feu.

Au comptoir de la banque

la femme répète que tout est gelé
mais qu'il n'y a pas raison de s'énerver.
ça va aller à demain.
peut-être.
demain manger
demain fumer
demain boire.
demain vivre
demain.
ça va aller.
y'a pas raison de s'énerver.

Chez Monsieur Donut

le café est mauve est fade.
la préposée est grosse
et vulgaire Le Journal.
de Montréal incapable.
de faire passer le temps.

il y a deux lesbiennes qui se frenchent
à côté de la bouche.
deux boutchs qui veulent qu'on le sache.
au-dessus de la table.
leur bave goutte sur un beigne sec.
je me sens si seul. indésirable.
encore et toujours pogné
dans mon suit de cafard de blanc-bec.
dans mon bled saturnien
dans ma tête où il n'y a rien.

un couple de junkies
fait des allers-retours depuis deux heures.
elle commande un verre d'eau
croissant beurre.
il va aux toilettes
elle va aux toilettes.
jette le croissant beurre.
sort entre   sort entre.
comme   des aiguilles
comme des coucous.
ils vont revenir.
dans vingt minutes.
continuer leur manège.

venir se shooter de la neige
pour se froster.

encore plus.
il me semble.
      que chaque fois
qu'ils passent la porte en se grattant

il y a un peu moins de poudre blanche
      sur les beignes fourrés.

De la vodka

de la bière.
en abus.
un peu trop.
j'ai les oreilles brûlantes
le foie sagitté.
veut me défoncer
　　　　mon ulcère sur le party.
douleur cuisante comme un élément.
je prends une autre drop véhémente.
j'ai envie de vomir
envie de partir.

laisser pourrir vendredi soir.

mais je ne suis que dalle.
qu'un troglodyte de bar.
je n'ai pas. qui m'attend. vraiment.
je capote tout seul.
personne nulle part. depuis trop longtemps.
je ne connais plus rien d'autre.
que le faciès des mouches de nuit
les drinks
les verres de fût.
les mineures pompettes.
cruisées par des gars dans la prétrentaine
qui courent la prétentaine.
dans le make-up de la fumée.
les tips les tits les zéros sur leur trente-six.
les regards échoués
sur toutes sortes de faces

sur toutes sortes de fesses.
last call. amnésie.
ça me fait

comme une caresse délétère.
give me more spicy funky water.
mon corps se décrisse
d'écrire sur la napkin. en bleu et blanc.
mais je trippe à La Morgue.
il y a une vieille en pleine ivresse
chantant comme un wagon:

« KAVODKA
KAVODKA
KAVODKA
KAVODKA… »

Maman vient tout juste d'appeler

et je sanglote
je renifle.
la réalité en pleine face.
le combiné éteint
encore dans la main.
j'ai été un mauvais fils.
plein de gros mots d'hostie de câlice.
un menteur un dipsomane
un fermier du désespoir.
un en fumée de parasite
jamais trustable jamais fier.

mais elle a insisté quand même.

m'acheter une paire de bottes.
et quelques bobettes pour l'hiver.

Elle

américaine
végétarienne

juive

moi
québécois

baptisé
steak.

da da da.

Hugo

un rictus d'inimitié
sous ses yeux rougis.
depuis 19 ans
pour les boomers.

c'est l'opposition
entre les générations.
ça ne changera jamais.

entre les volutes de fumée.
jeunes fantômes de marijuana.
on fait des plans pas corrects.
contre ceux qui rêvent de jeunesse éternelle
et qui font qu'on jette la nôtre à la poubelle.
contre les maniganceux de vie électronique.
contre ceux qui disent qu'il faut fonctionner.
        ou pourrir
pour nos parents en message télévisé.
ceux que nous accuserons toujours
        d'avoir tout empiré.

Hugo lance qu'on devrait
s'en kidnapper un.
qui passe la cinquantaine.
affamé de pouvoir. de retraite gonflée.
le claquemurer chez nous
pour deux ou trois lunes.
en plein milieu de sa semaine. de travail
    acharné.
jouer avec.
comme jadis Potato Man

passer notre haine.
sans lui faire de mal. pas en tout.

ensuite on le droguerait.
on maganerait son linge.
on teindrait ses cheveux en vert.
on lui jackerait deux mohawks full hot sur la
   tête.
avec de la colle Contact.
pis on le renverrait chez ses pairs.

juste pour voir
kesse qu'ils vont lui faire.

Je souris béatement

au supermarché
la caissière s'est fourrée.
mon petit change est gros.
mon t-bone est beau.
je viens de sauver deux piastres et cinq.
j'ai de quoi me bourrer la face
j'ai de quoi me payer une bière.

mieux il y avait
une adolescente.
cheveux orange.
tellement sexy quoique effacée
au comptoir de cigarettes.
nose ring discret.
pantalon bleu carreauté.
figure de fillette
geyser de beauté.
me fera souper en tête-à-tête.
avec un rêve
parce que je voulais la mordre dans le cou.
son neck plus ultra.

parce que je souris béatement.

d'avoir voulu être son épouse.

Les petits cartoons du matin

troisième café rouler un joint.
les méchants sont demeurés.
cool. ils montrent toujours les dents.

composer le numéro
du super-héros
qui a le pouvoir de me sortir d'ici :

1-888-GREEN LANTERN.

pour mater les nouveaux héros
des années 90 sans langueur sans repos
à coups de magie verte. de desseins animés.

je mets une main
sur la bouche des petits cartoons du matin
et brûle la pointe du joint.

House of Pain
dans le ghetto-blaster.

et « the CBS kids are in the house ».

Une Mélodie

qui gardait sa brassière fortifiée
quand je la baisais.
peu importe ce que je disais.
par peur de laisser tomber ses gros seins.
sur moi comme j'aurais aimé.

qui m'accusait de fourrer les clientes
dans le backstore
pendant qu'elle sirotait un Southern Comfort.

qui parlait tout le temps
de son ex du Manitoba.

qui se maquillait comme une schizo.
du blush partout dans la face.
qui me regardait les yeux pleins.
de constellations et de bouteilles de vin.
qui disait : je me suis maquillée pour toi

je lui disais : merci c'est dégueulasse

t'es folle ma sacrement.

trop folle pour ma carcasse.

Whoo

il neige encore.
ç'a tombé et ça tombera.
ça entombera la vie.
somehow
ça l'arrêtera un peu.

il neige encore. et tant.
qu'on voudrait s'y tenir debout
au fond d'une ruelle méconnue.
et expirer longuement dans la nuit.
pétrifié   stoppé   enseveli.
de neige blanche blanche.
de mort lente.

et s'y croire convaincu.

qu'enfin on fondra le printemps venu.

Full

de vin blanc allemand
de saké
de grass quasi orange.

lumières de Noël sur la rampe d'escalier.
agréable soirée

à salonner avec les copains.
à déconner comme si de rien
à parler mal à parler bien.
chanter des tounes sans refrain.
et rire de tout ça.
à cause du vin.

une autre bouteille de saké
baigne dans l'eau chaude.
dans la cuisine.

roule un autre joint. man.

que la béatitude culmine.

Rock star

je saute
d'un divan à l'autre
dans ma robe de chambre.
mardi de folie d'ennui d'après-midi.

je m'en sacre.
de ce qui se passe dehors.
du monde qui meurt du monde qui vit.
j'ai fumé un gros chico.
je me pitche sur les murs
sans un gramme de remords.
j'ai le nouveau tape de Weezer.
je suis une damnée rock star.

je tripote ma air guitar.

On était encore trois kids

et il était notre pire
ennemi.

on suivait la trail de bicycle
où on a scrapé nos BMX par tant d'après-midi.

un peloton de petits gars en crisse
de la vengeance jusqu'à l'infanterie.

parce qu'il avait lésé mon chat par trop de fois
parce que Gugusse avait perdu l'usage de l'œil
droit.

on scrutait le foin l'arme à la main.
une arbalète gossée maison avec des élastiques
quatre flèches aux pointes de dards métalliques.
une batte pleine de clous de six pouces.
une chaîne RO-NA avec un cadenas au bout.

y en a mangé toute une. le calvaire.
l'hostie de chat de gouttière.

Buvant du vin à la bouteille
dans une ruelle

avec un gars de l'Outaouais
dans la neige folle qui fouette.
soûls comme la Pologne au complet.

je lui parle de sang de merde de sueur
et des display killings de l'étrangleur de Boston.

il penche la tête.
se débat avec le poids
d'une pensée qui doit tanguer.
ferme les yeux
respire par la bouche
serre les dents.
tourne le dos rapidement.

    et il puke sur ses shoes.

Le p'tit Simon

y est revenu à la maison
vide de maman vide de papa
vidé tanné de ses quinze ans.
le monde est fucké à vendre
pis personne veut l'acheter.
on en veut pas de celui-là.
tout le monde veut un hit
jouer aux zéros-in
tout le monde a vu Trainspotting.
NEVERMIND.
le stéréo crinqué à planche
y est monté dans leur chambre.

      sous le lit
        y a un fusil.

il l'avale comme une jeune pute
novice de nos vices.
il l'avale comme une vérité.
c'est ça. c'est donc ça.
c'est ça qu'elle a goûté.
            la mort de Kurt Cobain.

Je l'ai vue encore

la jeune fille aux cheveux orange.

câlice qu'elle me dérange.

je l'ai vue encore plus belle.
elle riait. l'autre jour. entre deux fauteuils.
dans le magasin de bebelles usagées.
comme un quelque chose de neuf. joie d'œil.

dans le magasin sans nom coin De Lorimier
vite vite en passant.

ç'a pris deux secondes.

j'ai bandé
j'ai souri.
une dose de conviction d'être muni.

j'ai continué à marcher. comme délesté.

Ouin ben

tout le monde
moffe sa veine.

on dirait ben.

manque de veines.

Aujourd'hui j'ai mangé

une saucisse Hygrade
et demie.

l'autre moitié
donnée au chat.
désabusé
comme ça ne se peut pas.

depuis deux semaines.
quand on s'installe devant la TV
que j'y flatte la bedaine
et que le lecteur de nouvelles nous fait un smile.
constipé
pour nous faire accroire
que tout est correct.
tout est correct ici-bas.
à part l'argent que personne n'a.

depuis deux semaines
le chat me regarde.
il fait pfff pis il s'en va.
queue levée pour m'injurier
pour me mooner.
de son petit cul de haine serrée.

Kesse vous voulez

mes hosties
kesse vous voulez.
que je sois ben bright
un brin uptight
que je sache ce que je dis
jamais de menteries.
que je pense avant de parler.
que je me lave le groin
que je toke moins de joints.
que je sorte de chez nous
pour aller je ne sais trop où.
que je foire avec le monde entier
que je positive.
que j'http//: www. kill me.
que je me laisse crosser par la mémoire vive.
que je ferme les yeux
pour faire de l'argent
semblant d'être heureux
pour que vous soyez contents.
kesse vous voulez
mais kesse vous voulez.
je m'enchaîne dans la cour.
comme le bon lycanthrope enragé.
la dyslogie la dysphorie
kesse vous voulez.
ça me rend crackpot.
je mords dans le vide
à pleines dents.
presque à plein temps.

mais kesse vous voulez.

les poèmes superbes. frisés.

je laisse ça aux poodles immaculés.
aux forçats de la pureté.

Toi

là-bas
avec tes jambes en nylon
avec tes seins d'annonce de shampoing
tes cheveux longs.

rushe pas
cours pas
laisse-le partir
mets-toi en ligne
attends l'autre
attends-moi.

je veux te voir plus.

je veux attendre l'autobus.

je veux te suivre jusque chez vous.

je veux être fou pour des prunes.
pour une ride de bus
     debout.

Portrait d'un gars

à qui j'ai donné une piastre ce soir-là.
pour qu'il puisse changer.
sa petite bouteille brune de Carling
pour une King can de Red Bull rouge
pour qu'il puisse mieux
sustenter l'envie de se dépraver.
avec une cigarette avec.

parce que c'est toujours bon.
d'avoir quelqu'un. pour aider à sa perte.

parce qu'il vit
à deux dans une pièce
et que ce n'est pas rose
sur les murs de leurs têtes.

qu'il a des sacs de lait
dans ses souliers décharnés
pour empêcher la mort d'y entrer.

que ça
pis d'autres choses cachées
fuckent le chien dans ses idées

donnent rien
que l'urge quotidienne de varger
et de s'enivrer pour faire passer.

j'aurais aimé
ce soir-là.
avoir le cran
donner plus qu'une piastre.

lui dire veux-tu être mon beerpal.
on va boire à s'en rendre malades.
    botcher dans nos bouteilles
pis y boire pareil.
et la vie nous sera.
drôle tout à coup.
assis sur un tas de neige noire
à se raconter des menteries.
à ramasser nos décombres.
devant un pont Jacques-Cartier
qui comme une ombre.

parce que Montréal
c'est elle notre vile.
illusion.

reine d'un paquet de rats
qui ne s'y attendaient pas.
à ce Montréal-là.

à cet encore plus trou à rats.

Il se faisait un fix

dans le salon.
c'est plus confo.
son corps est de la scrap
de toute façon.
j'y ai dit:
vas-y
tu peux
prendre une de mes cravates
pour te stranguler.
t'es même pas obligé d'aller aux toilettes
faire un semblant de chier.
fait qu'il se drillait la peau dans le salon.
il s'allumait.
une étrange lumière faible presque claire
s'échappait hors du salon.
rutilante à dix piastres.

je pouvais la contempler
de la cuisine.
en raies exagérées.

et puis:
                    POF.
je le parierais sur ma mère.
il n'y était plus. évaporé.
sans laisser de laissées.

Wild turkey

pas déjeuné.
ai eu l'envie d'un sandwich
au dépanneur.
ce matin salade de poulet.
ai pris un café.
je ne mâcherais rien
ce matin anyway.
déjà la bouche pleine.
d'un chagrin. d'une peine.
pour un univers immodéré.
Wild turkey.

je me suis servi un verre.
kentucky.
straight bourbon whisky.
rien à être
sauf un dindon blasé.
je glougloute.
un petit peu plus chaque goutte.
chaque sip de bourbon.
corrodante et délicieuse.
l'estomac.
vide.
lance des messages au cerveau.
le prochain
mets-y un peu d'eau.

je regarde dehors.
toutes sortes de tristesses
sur toutes sortes de corps.

le malheur aussi est matinal.
et pour avoir moins peur
je prends des photos de lui.

avec un FunSaver.

Complètement saisi

encroûté dans le sofa bas.
elle assise sur l'accoudoir. nommant les choses
belles.

je sens la chaleur de sa fesse
touchant mon bras.
ça traverse
son slip
son jeans
mon pull-over
ma chemise.
ses yeux sont soûls.
les miens
éméchés la regardent.
angéféline.

je fais non de la tête.

interloqué dans le sofa moi.
gobé par sa beauté prédatrice

je n'écoute plus un mot.
je rêvasse.
(corps nubiles enlacés
dans la plus belle luminescence)
dans ma tête fatiguée lasse.
le sourire de la peau.

je me répète le nom de ma rue.
pour respirer. l'air moins confus.
pour que rien n'y paraisse.

(le plus bel accouplement. jamais imaginé.
lent doux harmonieux et la sueur dorée.)

puis
ça dévale de sa lèvre :

« n'aimes-tu donc rien.
ne trouves-tu rien beau. »

(équestre sur moi comme un bonheur.)

« je ne sais pas. »

□

et pourtant si.
j'aime la neige qui tombe dehors.
certaines motions que les femmes font.
j'aime gratter la corde d'une guitare.
sourdement   furtivement.
j'aime toi et moi
dans ma tête là.
j'aime ce qui est en train de s'y passer.

j'aime la fragilité.

Les Américains gobent

depuis longtemps.
jamais fini de gruger.
le squelette de l'Amérique.

nous les bleu
et blanc.

les autres dans le rouge
et blanc.

eux les bleu blanc rouge.

De la croque-mort

et de l'amour.
je n'en sais plus trop rien.
tout ce que je sais
c'est qu'elle.
revient.
toute Miss belle
     toute éternelle.
toute là pour toi c'est ça mon gars.
quand elle y en a.
un brin de besoin.

elle revient bredouiller.
plein de tendres bitchages
suintant le passé.

elle revient s'occuper.
d'enterrer officieusement le zombie
d'amour empêtré. dans ses sourires de poupée.
disant qu'il a quand même pris
     la première pelletée.

qu'il a comme toujours oublié.
qui a voulu fucker sa vie
le premier.
mais qu'elle s'en est remise.

veut juste donner une poussée.
pour que l'amour vivant meure enfin.
en paix et reposé.

parce qu'elle est parfaite.
douillette.
la fosse qu'elle approfondissait
en secret.

Trois cheeses gros Coke

j'ai dit à la nymphe
accoutrée d'un suit McDonald's mauve.
elle s'en est allée souriante
pelleter des frites. sensuelle.
en souriant le sein défiant.
d'aisance pas toqué pas fake.
           pas dans le manuel.
et pas pressée de servir le client.

moi je ne suis pas. ennuyé par ça.

pas comme Big Mac. qui s'échauffe
qui rouspète que le service est lent :
« envoye ti-fille. faut-ti que j'aille me servir. »

qu'elle prenne son temps.

que les palettes de viande ralentissent
sur leur tapis roulant pendant
que les murs transpirent à flots la graisse
et qu'un superviseur gueule dans son micro.
pour un filet de poisson.

cette jeune nymphe-là.
elle peut sourire et prendre son temps
et même le mien si ça lui chante.

M'en revenant du dépanneur de M. Foo

trois bouteilles de bière au bout d'un bras
qui shake. les fait tinter. comme les clochettes
de la camionnette de l'aiguiseur de couteaux
tournant les coins
de ces rues où j'ai laissé ma foulée
par combien de fois.

mais aujourd'hui
quelque chose s'est travestie.
a troqué pantalon pour robe légère
parce que le froid se meurt en spasmes.
you can feel it in the air.

you can feel it
dans les bâtons de suçon qui gisent tête
fondante
sur les trottoirs balayés du matin.
dans la bière qui semble plus fraîche plus
blonde.
dans les manches courtes du monde
qui sacre aux vies d'ange
les meubles qui sont tombés sur les nerfs
                              tout l'hiver ;
dans les crottes de chien qui s'amollissent
dans le cri de retour des oiseaux-touristes
dans les bacs à fleurs suspendus. aux balcons ou
aux fenêtres

ouvertes. comme une consolation.

you can feel it.

même si cinq sens ce n'est pas assez

quand la ville déshiberne.

Pas vu depuis le début de l'année

pas remarqué
la femme de l'affiche routière.

gigantesque et assise près du parc Bellerive.
jambes allongées. pointées
tout en bas collants.
s'exhibant. suavement fières dans leur annonce
de Secret.

pas remarqué
l'envie de caresser des femmes de 30 pieds.

une bande de motards s'est parkée là aussi
en bordure de Notre-Dame
pour pouvoir mieux l'admirer.
la femme de l'affiche routière.

leurs casques sont
des boules de billard sous les spots
des planètes dormant au soleil
tout un univers tourné vers une seule affaire.
la femme de l'affiche routière.

et plus loin derrière
la Grande Roue tourne au parc d'amusement
et c'est l'été dans mon caleçon
pour la femme de l'affiche routière.

I'm in love.

Toute cette ville. tous ces gaz ces chars
cette vidange et toutes ces gens.
our la rue.
quand il fait beau dehors. ça me fait

faire des crises d'angoisse
freaker à en vomir.
courir aller me cacher.
derrière un bosquet de béton. dissimulé.
pour ne pas alerter toutes ces bonnes gens
ne pas les brusquer.

ceux qui font du power abs
du fricotage au power pad.
qui trippent sur les tapes de Personal Power
de Power of Love.
ceux qui sont in
power trip

pendant que les miennes se nouent.
derrière un crasseux bosquet de béton.
mais
laisse-les pas t'avoir de même
me dit toujours G.
don't let them drown you in crap
get you now
suck your soul.
ouin
je voudrais ben. christ ouin.

mais là faut que je débarrasse.
que je me tape toute la Sainte-Cath.

au p.c. jusque chez nous.
faut que j'aille téter ma médecine
mon quart de bouteille de Mucaine.
rouler un joint
mettre l'eau à chauffer.
fumer le joint dans le jaune
de la cuisine.
les yeux fermés pour inhaler.
boire l'eau chaude
comme la fumée.

puis botcher le joint.

me brosser les dents.
m'écrouler
sur le divan.
peser sur play.
Funky Porcini.

et me trouver las.
catatonisé
de la plus étrange et confortable des façons.

vidé.

D'un coup je partirai

full-pin sur un skidoo
fidèle destrier diesel.
loin très loin.
vers les coins reculés
de ce pays   canard   caribou.
je tirerai ma révérence comme un chieux.
sans laisser d'e-mail pour expliquer
sans laisser une crotte
de compassion pour les citadins.
malheureux.   abîmés.
full pin jusqu'au bout.
du monde je vais trouver un arbre
vieux sage papa
timber crash fracas.
je vais l'abattre rituel prière.
m'excuser de ce que nécessaire
pour m'y gosser une maison.
     la dernière.
shack de tranquillité pour la fin.

Dieu que c'est doux

cette bière qui rigole
cette jolie fille qui fait de la mousse.
j'en bois la bouche pleine
de mots cons pour escamoter la frousse
de phrases en séries
de Ted Bundy. pour qu'elle y réfléchisse
à deux fois avant de détirer ses cuisses.
en soulevant un peu la robe
d'une goutte de vin sur sa lèvre molle.
en disant t'es fou t'es fou.
euphorique euphonique mirifique.
gelé comme une balle sur le haut de ses cuisses.
que je voudrais respirer ce duvet.
commander des pichets commander des pichets.
pour qu'elle ait envie de moi
pour perdre l'envie d'elle.

L'hostie de poème

cette nuit.
réveillé
courbaturé.
recroquevillé
comme un escargot. sur le plancher.
longeant le lit
la bosse au front.
la poussière dans les cheveux.
j'ai levé les yeux
sur l'hostie de poème. tout abrité sous mes
couvertes.
tout à briller sur son coup de chien.
j'y ai dit :

« viens ici
j'ai quelque chose à te dire. »
« non. écris-moi. souffle-moi. sors-moi.
sinon je resse icitte pis tu dors à terre
toute la nuitte. »

j'ai voulu prendre
les couvertures à l'arraché.
au moins un drap.
ç'a pas marché.
son petit maudit
pied de poème
est venu me kicker
juste au-dessous du nez.
« OK, c'est fini.
je ne t'écrirai pas.

t'es rien
qu'un petit sacrament de poème sale.
un poème-gale. »

« écris-moi. »

« laisse-moi tranquille. »

« écris-moi. t'as rien à perdre maudite marde.
maudit malade. »

« j'aime mieux me coucher.
tu vas ben finir par t'écœurer
finir par t'en aller. »

« tu ne pourras pas dormir. »
« ta gueule.
je suis fatigué.
dors. ferme-la ou décrisse.
mais laisse-moi dormir. »

« écriiiiiiiiiiiis-moi.

tu dors-tu.

HEY
tu dors-tu. »

Elle avait 33 posters de Madonna

pinnés partout
dans son 2 ½.
je la regardais de derrière
penchée qu'elle était
dans son frigidaire.
          elle fouillait les tablettes du bas.
et moi j'étais dans un état.
celui où l'on suit presque n'importe qui
n'importe où.
pour la promesse d'une autre bière.
et assis dans le divan.
de la bière.
je savais qu'elle n'en avait pas.
je l'avais deviné. en entrant.

alors je regardais
les 33 posters de Madonna.
pinnés partout dans son 2 ½.
j'écoutais la cassette qu'elle avait
enclenchée. Spandau Ballet.
et j'avais une de ces érections
qui vous prennent du sang au cerveau.

quand elle est revenue au salon
disant qu'elle était désolée. déso.
qu'elle ne se rappelait plus
qu'elle l'avait toute bue.
mais que sûrement ça ne me dérangeait pas.
et qu'elle.
elle ne baiserait pas

pardon.
ne ferait pas l'amour
avant le mariage.
et que j'étais beau.
que son ancien chum
il ne voulait que la baiser.
si elle pouvait me tirer aux cartes
et les yeux que j'avais.
et pourquoi je ne me laissais pas
pousser les cheveux.
et son ancien chum
« tu ressembles à. »
et est-ce que je m'étais tapé
beaucoup de filles dans ma vie.
est-ce qu'elle pouvait se coller.
elle avait froid.

et elle se collait à moi
chaude comme une bouillotte.
maintenant en pyjama.

pendant que les 33 posters de **Madonna**
murmuraient :

va-t'en d'ici mon gars.

À l'ombre sur la galerie

Corona et rosé
pour se désaltérer.

au bout ensoleillé
il y a Vinz qui choke
un bourdon mort avec un lighter.
mort sur le garde-fou   gros abdomen noir.
de la fumée s'échappe d'un de ses yeux.

j'essaie de voir la nouvelle voisine
d'en bas qui marche en t-shirt trop large
et nue aux jambes.

donne l'impression d'être intello.

je m'approche de la barrière
(j'aimerais qu'elle quérisse un objet très haut
dans sa cuisine pour lui voir le derrière)
je mets une allumette
entre les restants de pattes du bourdon mort.
comme un sceptre pour roi insecte au bûcher.

c'est chaud au soleil.

incendie tout ça mon Vinz.

j'ouvre une autre bouteille de rosé.

Redressement du corps
(Un matin de Saint-Jean)

4:00 a.m. dans le lit
me tordant le cou pour mieux voir le ciel bleu
et le chat qui gratte la moustiquaire pour entrer.

je lui dis : « regarde comme c'est bleu. »
mais il repart miaulant.
qu'il en a assez des bleus comme ça
que les femelles d'hier soir étaient farouches
   comme ça ne se peut pas
et qu'il ne veut qu'à déjeuner.
et dormir si je voulais bien ouvrir.

il saute à l'intérieur
suivi d'un bouquet de poils perdus
atterrit de manière accorte
et va vers la porte en faisant mine d'être affamé.

« y en a du manger.
ta gueule.
                regarde comme c'est bleu. »

bleu jeans
bleu fleurdelisé
bleu unanimement
du bleu des yeux
de la playmate que juste avant
je frenchais.
mon oreiller wet dream.
avant de m'éveiller

hic et nunc
pour voir ce ciel

comme une immense cuvette
pleine d'eau et de Sani-Flush

    et de cirrocumulus de sperme albuginé.

Québécois debout

kill the pigs
eat the rich
save the planet.

rage against the machine
stop nuclear testing
will work for weed. legalize it.

meat is murder
don't drink water drink beer
give peace a chance.

nazi punks fuck off
fuck fashion
fuck racism
fuck parental discretion
fuck you
en français svp

      révolutions de t-shirts.

Trouver

un peu d'alacrité
la tête plantée
dans le soleil
sur le cul
devant
la statue
au square Phillips

que c'est beau
in petto
les femmes de bureau
qui
braisent
leurs épaules

qui bombent souriantes
des fleurs de chair
des seins comme des boules
de cristal pour qu'un
puisse y voir
sa solitude
et la blancheur de sa peau

qui déambulent
à l'heure du lunch
en talons hauts
aiguilles ou disco

TIC TAC TIC TAC
elles marchent sur des horloges
pour qu'un

puisse compter
le temps qu'il reste

avant
de
devenir
fou
de

tant
de jambes satinées et
la peau
des cuisses
nue
comme une pêche
à croquer.

l'hameçon de la peau.

Soft pink jelly vagina

vibrating breasts
tight pink jelly anus
luscious red lips
& deep-open mouth.
c'est ça que ça dit.
et la blonde sourit sur la photo
sur la boîte de baby gonflable
dans la vitrine du Sex-Shop.
et le sexe prend une drop dans sa magie.
dans le domaine du rubber.
baby gonflable en rubber
pour pénis en rubber.
weird sexe pour férus d'amour
la dent creuse.   en attente.
fourrant du rubber palliatif.
et quelque part en ville
maintenant.
sûrement.
dans une pièce fermée à clé.
peut-être ombragée par une chandelle.
c'est l'algarade.
une baby gonflable
se fait dire des gros mots
des mange de la marde.
et des mains sont portées
à son cou pour l'étouffer.
par l'homme nu

qui l'a baptisée
à la vaseline :

Caroline.

Chaque fois que je la vois

ça sent les toasts
quand je me penche sur la rue.
quand elle descend la rue.
elle a toujours des sacs d'épicerie
entre les doigts.
deux fois par semaine.
et
je
tombe.
amoureux.
à mourir
d'elle
et
de sacs d'épicerie.

Elle était rouge

dorée et noire.
toute à la spray can.
tout en bois.
avec une direction en métal.
un volant.
comme un vrai char.

rouge elle l'était.
rouge agressif
comme la colère edge of a knife.
comme Christine
la voiture schizoïde.

on l'appelait El Toro.

mon frère y avait bombé
au pochoir
des taureaux noirs.

et on gagnait parfois
les courses de quartier.
on courait
on roulait
on crashait.
on évitait les voitures qui venaient
en sens inverse
les chaînes de trottoir
les tacots adverses.
et parfois on gagnait.
nos premiers sentiments de victoire.
et on remerciait

El Toro.
d'avoir si bien roulé.

puis on allait souper.
se coucher.
excités par la course du lendemain
on dormait mal
on se réveillait tôt.
on sortait El Toro.
on allait rejoindre les autres
en haut de la rue Rigaud.
tous là.
dans nos tacots.
à se faire des gageures.
des menaces
le sourire dans la face.

on coursait Electric Blue
mon voisin Éric Morin
un gars dont j'ai oublié le nom
et nos cousins.

il y avait notre côte habituelle
et de l'autre bord
celle qu'on nommait la côte de la mort.
celle d'où on ne voyait pas arriver les chars.

un jour
un de mes cousins a osé.
et nous l'avons tous imité.
nous avons roulé dessus.
notre plus grande peur
notre plus grosse pente.
en serrant les dents.
nous sommes tous devenus

un peu plus vieux ce jour-là.
moins impressionnables.
moins petits garçons.
– j'ai même entendu
dire à l'époque
qu'un jeune fou
l'avait descendue.
en Big Wheel.

whoo.

□

aujourd'hui
je m'en ennuie.
les victoires les défaites les compagnons.
les journées passées dans une boîte à savon.

Dans le Biltmore Building

les portes jappent
quand un shake ses clés.
jappent qu'elles vont s'ouvrir
et vous laisser
vous faire bouffer.
par les chiens des voisins.
qui en ont tous un.
un satané chien qui s'excite pour rien.
qui vous regarde
les yeux vides
ou cachant une envie de zigner.
ou de jouer à vous tuer.

pis.
il y a un danois bleu.
et comme le fromage
il m'apeure.

quand je vois sa face stupide.
en haut de l'escalier.
sautillant.
tirant sur sa laisse comme un damné.
je me sens comme une proie
sur le palier un peu plus bas.

et la fille à qui appartient le danois
n'est pas assez forte pour la furia du pony canin.
et elle rit mauve.
elle essaye toujours de se faire rassurante.

« il ne faut pas que tu aies peur.
il a plus peur de toi que toi de lui. »

ben.
c'est exactement ce qui me fait peur.
la peur des autres.
la peur panique.
fuel de gestes plus ou moins fantastiques.

Les enfants sous la pluie

agenouillés dans l'eau.
les yeux sur une bouche d'égout.
« as-tu vu ça ? ç'a bougé. »
« c'est un crocodile. »
et ils s'enfuient en courant
en criant.
et j'ai envie de m'enfuir avec eux
de leur dire
qu'il faut aller plus loin toujours plus loin
là où il n'y a que des oiseaux
des arbres et des orignaux
des boutons d'or et des p'tits chemins.
loin des crocodiles.
qui ne sont pas que dans les égouts.
qui sont partout.

        and waiting to eat you raw.

En descendant du stage du Chaos

après la lecture.
direct à ma table.
glissé entre les sourires
de ceux qui trouvent ça applaudissable
de ceux qui ont trouvé ça ben cave.
à ma petite bière gratis
pour décompresser les mots.
pour s'obstruer la gueule
pour se la fermer.
et se dire que c'est pas si pire
ce soir dans ce bar.
elle est arrivée à quatre pattes
comme une chatte avinée
butt off course.
she's not the good one.
à se frotter sur ma cuisse
dire que c'est down ce que j'écris.
qu'elle pourrait voudrait.
me faire voir autre chose.
qu'elle aussi a connu ça.
a connu qui a connu quoi
je ne sais pas.
mais mademoiselle aimerait bien
aiguiser le crayon du poète.

Il y a là

une douleur intrinsèque
une angoisse réifiée.
un mauvais sang qui ne coule pas
un cœur résigné. mal en point et sec.

    il y a là
de quoi mourir de peur
d'avoir tout oublié. tout bu.
d'avoir pourri ce corps
        déjà tire-au-cul.
nourri à la mort au supermarché.
et ulcéré.

    il y a là
au plus creux de moi.
mes maladies à moi.

et onycophage.
onirophage.
je m'en ronge les doigts.

La fille la plus sexy de Montréal

j'étais assis.
table de biais.
à elle sur une terrasse.
timide et soûl.
j'avais eu ma dose d'alcool
et bien plus.
et promenant les doigts
dans la bière renversée sur la table
j'étais persuadé qu'on étranglait
un singe dans la ruelle.

revenant de l'intérieur
elle m'a regardé d'un regard de pile driver.
comme un poison crémeux.

je me suis dit :   yeah   yeah

mais elle persévérait.
les œillades généreuses
les sips de bière simultanées
les battements de cils.

et je savais que je ratais une belle chance.
parce qu'on étranglait un singe
dans la ruelle.
le singe de ma grégarité.

C'est soir de feux d'artifice

encore.
les rues se remplissent
et je me tiens fumant
une cigarette. couché dans la fenêtre

je ne ressens aucune excitation.
pas d'envie en particulier
rien qu'un peu
malade et désespéré.

je suis le scèneux
du soleil qui se couche.
sur des adolescentes qui pissent entre deux
murs.
du livreur en bicyclette à glaces
vanille   chocolat   rainbow twirl.
des poupounes des pitounes
avec leurs chums à stéroïdes.
des grosses femmes qui ahanent
de traîner une chaise en plastique.
des cadets de la police.
des kids qui se font gueuler n'importe quoi
pour n'importe quoi
et tirer les bras.
dans la faune de ceux qui aiment.
les pétards.

je suis l'espion des sons
des conversations qui tournoient
au-dessus et sous les toits.

je ne peux pas m'en empêcher.

est-ce que je cherche quelque chose
dans tout ça.

je suis fasciné.

je ne sais pas.

L'autre fille à la banque

ça me prend violement.
gaga d'espoir comme un cave.

et je sais qu'elle sait.

que j'ai le goût de. le lui écrire.
sur le bordereau de retrait.

de l'amour et 0 cenne.

« en petites coupures s'il te plaît. »

Marie-Jeanne
et autres fuels
de fou

Hippy hardcore freak Ziploc bag lady

T-shirt
orange
élimé.
Pieds nus.
Cheveux comme rideaux sur son visage de ciné.
Vétustes jeans serrés
troués aux genoux.
Usés aux fesses.

Était magnifiée par un rai d'après-midi
qui découpait ses seins
sans soutien-gorge.
J'attendais.
Magnétisé.
Pendant qu'elle écoutait
assise sur le plancher.
Du Death Metal en head-bangnant.
Modestement.

Plus tôt.
Elle avait pagé un gars pour du weed.
M'avait servi un café.
Dit de m'asseoir à la table à manger.
Et elle avait beaucoup parlé.
D'un désert en Amérique du Sud.
De poésie
de Jim Morrison.
De trips de mush flyés
de spiritualité.
De ses projets de survie

de karma.
de DePalma.
Pouchkine.
Killing Zoé.

Elle m'a fait parader sous le nez
ses records hardcores.
J'en avais oublié la plupart.
Circle Jerks. Crass
Conflict. Black Flag.
Capitalist Alienation.
Fail-Safe.

J'écoutais. Stupide.
Les vieilles tounes qu'elle faisait jouer.
Constellant ma chemise de taches de café.

Elle roulait des torpilles.
Des six papiers de mouish
qu'elle avait eus gratis.
Elle vidait lentement un large Ziploc
et on fumait ça.
Il me semblait qu'elle n'arrêterait jamais de
parler.
De mettre une main
comme ça en placotant
sur mon avant-bras.

Puis.
Un disque de NomeansNo terminé. Plus rien.
Elle s'est tue.

On a pensé sexe en même temps.

Parce que nos âmes était déjà flapies
sous les draps.

Fumant. Une cigarette. Contentées.

Elle s'est mise debout.
Tout entière dans le soleil
elle a aiguillé Napalm Death sur le pick-up.

Après
elle s'est assise sur le plancher
et m'a souri.

J'ai essayé de sourire avec les yeux.
Lourds. Rougis.

Puis.
Elle est tombée en elle.
Elle s'est mise à caresser
le jeans de ses cuisses.
Tranquille.
Contemplative.

Encore plus séduisante.
Faisant comme si je n'étais pas là.

Et par la porte de sa chambre
je voyais.
Elle avait un lit à baldaquin.

J'ai pensé qu'il y avait longtemps
que je n'avais caressé une femme.
Et jamais dans un lit à baldaquin.

Je ne faisais plus que la regarder.
Hébété.
Libidiné.

Stupéfié
de weed
de soleil d'automne

d'amour flashé.
J'ai prié
le dealer de weed de rappliquer au p.c.

Avant que le char de mon corps se mette à capoter.

BPM

Samedi matin.
Sombre bistro du Quartier latin.
Je m'approrie la dernière table
libre. Dans le coin.

Je commande le # 3.
La waitress me frappe.
D'une batte de charme.

Il y a une femme
et un homme que je reconnais. Que je devrais.
Je fais comme si ça n'était pas
comme si de rien n'était.
Ils m'aperçoivent quand même.
Je fais semblant d'écrire un poème.
Concentré
sur un paquet de cigarettes.
Et je deviens nerveux.
Tellement nerveux.

Une toune de Drum & Bass dans les doigts
je tapoche la table.
Les ustensiles dansent en ligne.

Je regarde la waitress servir les clients.
Quand elle me soupçonne voyeur
je la zyeute autrement. Par ailleurs.
Par le truchement des miroirs.
Damné amoureux.
Encore. C'est si facile.
Quand le cœur dépasse.

La limite des beats par minute.
Que commence la vidéo mentale
l'animal.
La queue gonflée de sang
les scénarios sexuels.
Les envies de cajolements.
La nervosité souriante.
Les frôlements thermogènes.

La waitress dépose l'assiette.
Son sexe de jean noir contre mon épaule.
Poitrine tout en coton blanc.
Cheveux en queue de cheval
parfum de sueur aux mûres.

Les yeux sûrement volés dans un musée
elle demande si tout est OK.
Avec un accent français français.

« Merci. Tout est parfait. »

Excepté.

Que je n'ai plus du tout.
Cette faim à laquelle elle fait.
Allusion.

Char Shake

Boom klan.
Boom boom klan.
Deux têtes de Latinos
qui se font aller.
De bas en haut
groovant le centre-ville.

Les puissants samples
s'échappent du toit ouvrant
comme des grenades sympathiques. Fuckant
à coup de basse grasse
et de snare claquant
le rythme des passants.

Les yeux brillants sourire blanc.
Contentement arrogant.
Terroristes hip-hop.
Ils ricanent
habillés comme des joueurs de basket-ball
et le volume de la musique
tourné jusqu'à plus tourne.
        Les vitres électriques.
Vibrent comme un pète.

Un hi-hat frénétique balaie
la morosité la banalité.
Quelqu'un marchant clâme
que c'est stupide énervant que c'est assez.
QUE C'EST ASSEZ.

Balaie.
Balayé.

Les Latinos donnent un show.
De système de son
boosté aux woofers
le char shake.
La carrosserie fêlée
à coup de big bad flows.
C'est bizarrement beau.

Tout près de tomber en morceaux.

Aire d'attente

J'attends un ami.
Terminus.
        Autobus.
                Voyageurs.
Et j'ai déjà fait le tour
et le long en large
trois fois du quai. Au −22 de mon cul.
Pour aller fumer. Ma carabine à cancer.
Le col déployé
la tuque calée.

Mes bottes me tiennent au frette.

Je prends une puff. Je m'adosse.
Je remonte mon col
encore plus haut.
Et je les vois qui me regardent. Toutes ces faces
au chaud
dans un autobus avec un moteur qui tourne
pour Chicago.
Deux adolescents qui neckent déjà.
Une jeune femme endormie sur son coat rouge.
Un petit gars triste.
Coincé
par un fatso arborant une casquette de Pepsi.
Une petite famille de frisés.

Ils me font des tatas.
                        Parce que je suis idiot.
J'ai fait des tatas le premier.
Juste parce qu'ils vont s'en aller.

Le chauffeur revient nonchalamment à son bolide.
Ma cigarette
toute jeune encore
fait pssch sur la glace.
La porte de l'autobus fait PSSSCHH–tsch.

Je grelotte. Porte.

À l'intérieur.
Néons puissants.

Je m'assois.
Banc de bois.

Tuiles jaunâtres.
Kiosque d'objets perdus.
Une femme.
Trouve mes yeux.
Je me fais une chaude mentale.
Une petite allumette
pour gratter dans ma tête.
Tout va bien.
Sauf l'autobus Sherbrooke–Montréal qui n'arrive pas.
Et pis. Est-ce que j'attends un ami pour rien.
Est-ce que j'attends un ami pour vrai.
Un ami que je ne connais pas.
Vraiment.
Est-ce que je vais arrêter de lorgner la fille qui
commence à s'tresser.
À avoir peur
de ce qu'elle s'invente que je suis.

Je regarde un peu par terre.
Pour la rassurer. Non non pas pervers. No raper.
Juste oculaire.

Et je regarde autour. Je vois ce qui l'inquiète
la dérange.

Quatre jeunes punks en commando.
Qui sortaient du métro et s'avancent
plein d'arrogance. Bottes levées.
Comme s'ils venaient nous mater.
À coups de squeegees et de caps d'acier.
Pour rien.
Parce que l'ennui et le ragoût urbain.

Mais ils passent sans dire un mot.

Des noms de bands
écrits au feutre couvrent leurs épaules leurs dos
leurs bras kaki.
Et l'un d'eux a
sur son manteau
tracé en gros
en noir.
Cri de révolte
cri d'angoisse
cri muet :

DETROY.

Et quand l'autobus de Sherbrooke arrivera.
J'en rirai encore
et je n'en rirai pas.

Trois cafards et cheap TV

Volée de flocons de neige.
Des gouttes de pluie
qui descendent en parachute.
La rue est mouillée.
Deux TV allumées.
Seule lumière. De vie. Facile paresse.
Dans deux chambres.
De l'autre côté de la rue.
Deux hommes.
Même programme.
Même chèque de B.S.
Mêmes nouvelles.
Même spaghetti.
Même sueur sans bouger.
Même camisole.
Mêmes boxer shorts.
Mêmes botchs. Même petite bière
à la même heure.
Même TV
Dans le même coin de la chambre.
Les stores sales baissés
pour se cacher du soleil.
À longueur de journée.
Enlever ses reflets
de sur la TV

Moi je suis entre deux publicités.
J'astique mes antennes
en attendant que le sitcom commence.

Everything is just a big laugh.
Je lisse ma carapace.

Je me demande si Kafka avait la TV.

Poème pour tes lunettes
à la bibliothécaire

T'ai dit que je te sortais.
Ce soir.
Dans un restaurant où tu serais sexy.
Pas romantique. Pas pour une piastre.
Je voulais du legging
du grabbing
du frotting
toutes des affaires qui finissent en ing.
Tamisées les lumières.
T'ai dit que je te sortais.

Tout plein d'argent prêt dans mon portefeuille
bleu marine. On s'en paye une.

Mais je ne reconnais même plus les couleurs.
Et il y a moins d'argent dans mon portefeuille
bleu marine.

Parce que ce louche gars est venu.
Portant une trop petite chemise bleue
avec rayures blanches.
À bicyclette. Jamais vu. Avant.
Avait un sac où il y avait un sac plein de petits
sacs.
J'ai choisi ma branche garnie.
Pothead faisant son épicerie.
Et je tourne incessamment autour de la table
maintenant. .

Il y a un cendrier sur la table
et plus aucune envie d'aller au restaurant.

Une cigarette dans le cendrier.
Je la prends.
Je fais un tour de table.
En puffant.
Je la redonne au cendrier.
Je fais un tour de table sans.
Ô je suis stone
ma bien-aimée
ma mal-aimée
mon amoureuse.

Et je suis désolé
pour le souper. Les promesses la soirée.

Mais j'ai fait bouillir de l'eau.
Et tout est un gros chaudron
immense où l'eau bout. Toute cette vie
et la peur.
Et j'y place mon cœur
et il change de couleur.
Il est cuit.

Mais.
T'ai dit que je te sortais. Ce soir.
Alors je le remets en cage.

Il est brûlant
mal abouté.
mais prêt à t'habiller d'un suit d'amour tissé
des propres doigts propres des fées
qui ont baisé. Jusqu'à l'os.

À six.
Cric Crac Croc.
Crisse Crasse Crosse.

Avec les bonshommes Rice Krispies.

Arcade boy

Je suis en chemin
vers le club vidéo.
M'en vais me louer
une video game.
J'ai la Playstation
que Vinz a laissée à la maison.

C'est une soirée splendide.
Bleutée. Fraîche.

Plusieurs rires derrière
une fenêtre.
Famille nombreuse
fêtant dans une cuisine.
Un plafonnier
tout juste allumé.
Les chandelles soufflées.
Quelqu'un flashe
une photo. On fait hourra.

J'attrape une parcelle de leur joie.
Pour me désennuyer.
Elle s'échappe de mes doigts.

So I need.
Da video game
da video game
da video game.

C'est une soirée splendide.
Bleutée. Fraîche.
Douce.

Et je suis esseulé
avec d'étranges cals
recouvrant l'intérieur
de mes pouces.

Knockturne

Certain que
ce dernier joint
me knockera out.
Je me prélasse
sur mon lit.
All-dressed.

Ce soir
je voudrais dormir
maintenant
sans problème
comme une bombe.
Le petit change
dégringolant de mes pantalons.
Les clés poignardant la cuisse.
Mais il y a
quelque chose qui pue
l'insécurité.
Et je pense que c'est moi.
Alors.
Mes paupières sont fermées
mais mes yeux ouverts.

Je me couche sur le ventre.
Laisse tomber la tête.
La face dans l'oreiller.
Comme si j'allais brailler.
Désespéré de trouver.
Le sommeil tout de go.
Le bug-spray. Pour flytoxer les anxiétés.

La quête aboutie du repos.

On marche sur mon dos.

C'est la chatte.
Avec ses pattes coussinées
entre mes omoplates.

Elle se love là.
Pleine de chaleur.

Elle ronronne comme un moulin à café.

Elle se mordille une patte
puis la lèche.
Dépose un baiser.
Poilu sur ma nuque.

Elle s'endort.
Je m'endors.
En envoyant chier Morphée.
Deux doigts flattant un petit bout de tendresse
tigrée.

Premier matin d'amour possible

Elle doit
travailler à la boutique.
Pendant que je suis ici.
Et pris.

Je la vois quand je pisse
je la vois dans le botch d'une cigarette
qu'elle a fumée ce matin
couché écrabouillé qu'il est dans le cendrier.
Dans les quartiers d'orange
vidés de leur chair. Déjeuner.
Je la vois dans les taches de café
sur la table où le journal est éparpillé.
Dans son parfum sur mes doigts.

Et il y a encore les aspérités.
De sa silhouette
sur le lit fait. Quand elle s'est reposée.

J'ai fait l'amour à une nuit blonde.

Et je suis encore hangover.
Avec une absconse de sensation au cœur.
Comme si j'avais bu. En shot can.
Un six-pack de vilain bonheur.

Pawn boy

Rencontre. Mitch dans la rue.
Fait une escousse.
On va chez lui. Tout à côté.
Il est avec un ami
Fred la frousse
qui va aussi chez lui. Pour conclure un deal.

C'est un nerveux
fébrile héroïne
comme toujours sur le bord
de la panique
de quand on perd ses clés.

Je le laisse passer
dans l'escalier.

On se débotte.
Mitch ouvre la porte.

Joli petit chez-soi
ouvert accueillant.
Petit tapis dans l'entrée.
On s'assoit.
Délicieuse lumière dans la cuisine.
Ma chaise est basse
j'ai la table aux épaules.

Johnny Rotten agraphé sur un mur.
Un calendrier des scouts
une plante morte
pas de vaisselle dans le lavabo.

Mitch fait jouer un CD
Ministry.

Fred reste debout.
Dit que ça.
C'est un christ de bon groupe.
Il trépigne sur son manque. Sur les talons.

Nous autres on se fume un joint
on se fait une petite conversation.
Décente. Très plaisante.

La frousse refuse les tokes offertes.

□

Après quinze minutes.
Fred la frousse n'en peut plus. D'attendre le
pusher.

« Le câlice. Il est mieux de venir
Mitch hostie.
Il est mieux de venir le câlice. »

« Oui. Oui. Relaxe. Assis-toi. »

Fred s'assoit
un papier d'aluminium entre les doigts.
Il prépare la coupe
pour choker la poudre. Doigts shakant.
En se griffant le cou
sporadiquement.
Ses genoux cognent ensemble rapidement :
tump tump tump tump tump
tump tump tump tump tump
tump tump tump tump tump.

Il pose son lighter
minutieusement sur la table.
Il dit :
« Ah Dieu. I need to smoke it now.
Fucking shit fucking shit. J'ai pawné ma guitare.
Câlice. »

« Est-ce que je peux utiliser ta toilette
Mitch. »

Il n'attend pas la réponse.
Il court à la cuvette.
Garroché à genoux
il vomit il vomit
la porte ouverte. Comme une top model.

« Fucking shit fucking shit.
Il faut qu'il se ramène tout de suite
Rappelle-le Mitch.
Rappelle-le. »

Nous deux. Autres. On ne dit plus un mot.
Ébaubis.
Tus.
Que le dégobillement qu'on entend.

Mitch ne pose pas la main sur
le combiné du téléphone.
Une goutte d'eau molle tinte dans le lavabo.

On a un air tragico-comique.

Les junkies. Les paumés pawnés.
        Ils l'ont trop.

L'art de saccager.

La poche gauche

Double Dragon
Nibbler
PacMan
Centipede.
J'avais 14 ans.
Et au lieu d'aller en classe
on vagabondait le centre d'achats.

On se retrouvait
tous à l'arcade. Phil. Barb. Huu Tri et d'autres.
On allait bourrer les machines de trente sous
et nos sens de stimuli.
On essayait de péter les high scores
du gars qui tenait la place
qui était toujours blasé
et nous refilait de la bonne puff.
Personne ne pouvait l'accoter à Nibbler.

On était la plaie du centre d'achats.

On faisait juste
parasiter les corridors
fumant des cigarettes.
Toujours ivres.
Et on tuait des dizaines
d'ennemis vidéos.
Ou on taquinait le flipper.

Pour boire
on faisait des excursions à la SAQ.
On en revenait

des 26 oz de scotch
ou des mickeys
dissimulés dans nos poches de trench coat.

On butinait le fort dans le parking.
On rentrait.

On allait au Steinberg
voler de quoi se mettre sous la dent
trois quatre bières.

Parfois
trop soûls.
On se faisait prendre.
Et twister la peau d'un bras.

Comme cette fois.
Moi et Phil.
On était pansus de vodka
mais avec un goût pour de la bière.
Alors je lui ai dit de ne pas bouger
que j'irais chercher quelques canettes
et j'ai titubé
gracieusement vers les allées.
Sous les néons éblouissants.
Dans le Steinberg.
Vêtu d'un trench coat de cuir.
Acheté au Surplus de l'armée.

Les poches étant petites
je ne pouvais pas y cacher une bouteille.
Juste deux ou quatre canettes de bière.
Peut-être un mickey.
Alors j'avais percé la poche gauche.
Pour que je puisse glisser une bouteille
sous la doublure du trench

et tenir le goulot dans ma main.
Par la poche trouée.
C'était ingénieux.
Je sortais de la SAQ.
Mains dans les poches.
Avec une moue de quelqu'un qui n'a pas trouvé.
Son alcool préféré.
Et l'illusion.
Était du pur génie en tabarnack.

Mais cette fois-là.
Devant le frigidaire à bière du Steinberg.
Devant les Budweisers qui valsaient.
Paqueté comme j'étais.
J'ai mis une canette dans la poche droite.
Une dans la gauche.

Celle-là est passée dans le trou.
Toc.
Tombée sur le parquet ciré.

Je l'ai ramassée.
Remise dans la poche gauche.
Toc.
La poche gauche.
Toc.
La poche gauche.
Toc...

Ça a duré une ou deux minutes.
Et puis
un commis est venu.
Me demander ce que je faisais.
Je lui ai dit que je ne savais pas vraiment.
Mais que la maudite canette

tombait
tout le temps.

Il a twisté mon bras
vidé mes poches
pris mon nom mon adresse
fouillé une deuxième fois
et pis.
Twistant mes deux bras
vigoureusement
il m'a bousculé vers la sortie
en me vilipendant.

« Que je ne te voye plus jamais ici.
J'appellerais la police. »

Je suis revenu.
Le lendemain après-midi.
Kleptomanie.

J'ai chapardé deux bières.
Avec la poche droite.
Mais une bouteille de vin.
Avec la poche gauche.

Sucker

En face de l'usine Export « A ».
Sur un mur de tôles blanches.
Il y a un graffiti de bombé :

NATIONLISM SUCKS.

Yes. M. le graffiteur
ça suck. Ça.
Comme toutes
les autres affaires qui suckent.
Le nationlism suck.
Le commnism suck
le cryptocommnism suck
le capitlism suck.
Le socilism suck
le desptism
le federlism
ça suck ça aussi.
L'anrchism
le totalitrism
de drote
de gache.
Ça suck.
Tout ça.
Ça suck en chien comme ça ne se peut pas.
Ça fuck le chien quand on ne regarde pas.
Même les voyelles nous crossent comme ça.

Ça fuck les poèmes
ça fuck les graffitis

les lettres d'amour
les lettres tout court
les cartes d'identité.

Ça suck mon gars.
Ça suck.

Parfumée de sexe et de chewing-gum

avec des shorts qu'on dézippe mais qu'on
n'enlève pas.
pour aller plus vite. pour satisfaire les instincts
bas.
elle semble fatiguée la femme de joie.
appuyée au mur. crachant. dégobillant.
d'avoir été traitée comme une chienne
d'avoir été trouée dans sa veine
d'avoir mal quand elle marche.
et les bâtards
les câlices
les ciboires
les crosseurs
les batteurs
les cassés
les queues sales
les râles
le smack
les rubbers
les caresses m.t.s.
les ups les downs.

and she just wants out of this town.

et quand un sale sur elle la pompe
elle doit
s'étendre de tout son long.
dans les herbes jaunes et brûlantes dans sa tête.
dans la brise de sa tête.

Pour que ça passe.

Jouer avec les morts

18:44.
J'ai un fun.
Noir fou.
À jouer
avec les mots.
Les écrire
les tripoter
les maganer.
Les laisser libres
et contrôlés.
Et les squeezer
dans mes bras.

J'écris aimer.
Pour en être encore capable.
Avant d'enfiler
mon barda.
Me l'armer de mots semi-automatiques.
Pour putscher les malheurs du bonheur.

Mais je n'ai
que de mauvaises accointances.
Des fuckaillés. Pas trustables.

Des mots qui fument du pot
qui boivent de l'eau
qui écoutent du techno.
Qui rêvent parfois
d'amour entre les sex terms.
Les swallow my sperm.

Des fois
je suis juste pris.
Avec les mots déchus.
Ceux qu'on a pris pour acquis.
Qu'on a gazés :
un chien
un chat
une voiture
un bras
une tête
une moto.

Les beaux mots esthétiques disent que je bois
trop.
Que je ne les mérite pas. Et ils s'en vont.
Un après l'autre.

Têtes enflées.

Ils pensent que je ne les vois pas. Courir
dans la rue
comme s'ils s'appelaient # 6.
Mais je les vois. Chacun chaque pas.

Et ça ne me fait rien.

J'ai toujours quand même les autres.
Les métissés cadavéreux décrissés.
Je m'entends bien avec eux.
On ne se fait pas chier.

On reste penauds
on boit
on bâtit fol.

On sort
on va prendre le pouls de l'air.

C'est pas fort.
Ça pue
la pisse au coin des rues.

Pis moi.
Eux autres.
On écrit ça
pis on rit.

Tous.   Seuls.

Techno boy

À Tone et Delphis

Techno boy
pitonne frappe presse
tourne slide
des boutons
à longueur de journée.

Parfois
il faut qu'il aille travailler
et il est plus maussade que triste.
Mais dans sa tête.
Pitonne frappe presse boom boom
tourne slide boom.
Pitonne frappe presse boom boom.
Pitonne pis tourne.
Pis tourne slide presse boom boom...

Parce que techno boy sans Christ.
Même si techno boy est religieux.
Zen.
Messie des vinyles
résurrectés.

Techno boy ésotérise électronique
pitonne sa vie analogue
méditatif.
180 révolutions par minute.

Techno boy fume tellement de joints qu'il écrit
la date d'entamassion sur un paquet de Zig Zag.
Juste pour calculer.

Techno boy voudrait une blonde.
Il a une drum-machine.
Et c'est ben assez comme ça.

Il la fourrerait s'il le pouvait.

Des fois il pense que ça ne se peut pas.
Parce qu'elle est douce au toucher.
Qu'elle met du beat dans sa vie.

De juste aimer une drum-machine.

Downtown brunette

Downtown.
Down jusqu'à l'os.
Town jusqu'à l'os.
Encore sur la Sainte-Cath.
Que je connais trop. De ne pas bouger.
De ne pas me gruger la patte.
Je reconnais trop.
La neige brune sur le trottoir.
Les ombres provoquées par les buildings
les affiches de show
les photos de fille des halls de strip clubs.
Les spots pour mendier
les spots pour squeeger.
Les conversations monotones
monétaires.
Les schizos
les pimps
les présentoirs de dildos   émeraude.
Les lèvres les nez les sourcils les langues
maganés par piercing.
Les odeurs de friture.
Les tags   les shich-kebabs.
Les couvertures de magazine
dans les vitrines.
Les ventes de faillite qui durent trois ans.
Et le crosseur sourire des marchands
qui mettent en solde le superfétatoire.
J'en suis malade.
Étourdi citadin. Vasouillard.

Parfois.
C'est juste comme.
Revêtir une chemise de briques.

Downtown.
Badtown.
Le calcium me bouffe les pantalons.
Klaxons. Et tous les walkmans ont le même
groove.
Techno.

Downtown.
J'attends le feu vert.
Coin Bleury.
Des gars font du jiu-jitsu
dans un grand studio illuminé.
Ils donnent une raclée
au vide
au nom de l'esprit.

Downtown.
Une délicieuse grande brunette parfumée.
Nos manteaux se touchent.
Je l'hume.
Profondément.
En fermant les yeux.
En attendant le feu vert à ses côtés.
Je sais qu'on ne se prendra pas la main
qu'on ne se croisera pas les doigts. Comme ça.
Pour rien.
On est déjà.
Moi et la brunette parfumée.
Peu passionnés.
Comme un vieux couple qui n'a plus rien

à se dire.
Qui appelle ça complicité.
Mais qui
côte à côte
en secret   impatient
attend   le moment.
Le feu vert pour l'espoir
la liberté. L'envie de vie.
L'exuvie.

Esclave de prévention.
Exaspéré. L'un d'eux s'engouffrera
dans un taxi.

« Goodtown svp »

Il fermera la portière
violemment.
Sur leurs souvenirs communs
qui pendront à l'extérieur
la tête sur le chemin.

« Goodtown.
  N'importe où. »

Et le chauffeur demandera :
« Ça se prend-tu par Décarie ça. »

L'autre restera là. Délaissé.
Au coin des rues. Estomaqué.
Avec une larme cristalline.
Un feu de circulation qui ne change pas.
Et l'impression
d'avoir été
shafté.

Abandonné comme une peau morte.

Conflagratio

7 h 18 a.m.
Commotion d'un film de Deuxième Guerre.
Les pompiers dans la rue. Le populo
d'une fin du monde. Où ça.
Les femmes et les enfants d'abord.
Les poètes en dernier.
Airstrike. Save England
and those fucking Frenchs too.
Don't forget the cat.
And the USA.

Les sirènes se mettent à beugler.
Je sursaute
en même temps que les puces de mon lit.
Pensant que mon rêve était en incendie.

J'enfile mes pantalons
mes pantoufles en peau de mouton.
Je me garroche
vers les fenêtres
en faisant tomber des cendriers
avec mes poils de jambe.
Des hamburgers volètent dans la pièce.
J'ai un fusil invisible
et les mouches et le guano de perroquet
m'appuient:
« Go Larouche Go
   Go Larouche Go... »
Dans une ferveur de Nagano.
Dans un nuage de poussière.

500 mètres curiosité.
Pas encore tout à fait éveillé.
Les yeux à peine
ouverts. Juste assez. Pour clancher l'onirisme.
À la course.
Pour voir ça. Le Crystal Restaurant en train de
cramer.
Tout emboucané.
Ça ferait un beau poème.
La grise fumée.

La noire suie.

Les rouges trucks.

Les jaunes casques

L'orange feu.

La blanche eau.

Et une façade qui s'écroule petit à petit.
Comme un poème.

Je marmotte fuck it.
Puis je vais à la cuisine
faire chauffer l'eau
me filtrer un café.

□

9 h 15 a.m.
Les policiers
posent des banderoles en périmètres.
Comme si c'était la Saint-Jean. Ou meurtre au
gazole.

Je me demande.
Qui a mis à mort le Crystal Restaurant.

□

3 h 23 p.m.
La bâtisse se consume encore mais moins.
Avec une gueule sinistre.

Les hosties de sirènes miaulent sans arrêt.

J'ai mal à la tête.
Je vais boire un verre d'eau.
Je vais aller me coucher.
Je regarderai ce qui va se passer
ce soir.
À la TV
Aux nouvelles de fin de soirée.
En tragédie condensée.

Avec du jus de citron

Je compte des ampoules.
Je compte les ampoules
encore vivantes
flashantes
sur la façade du défunt cinéma.
Elles me font des clins d'œil
de survivantes.
49 -
50...

Je me barbifie.
La morbidesse m'envahit.
Petit à petit.
Je tombe. Sous le tas
de linge sale
de cendriers débordant
de poils gisant sur le plancher
de la salle de bains
de poussière
de miettes de pain
de minutes perdues à se demander
est-ce que ça sera
juste ça?
Quelques poèmes
quelques lubies
accrochés aux oreilles des femmes
ou pinnés dans leurs nez leurs sourcils leurs
nombrils.
Quelques maigres repas.

Quêter l'amitié quand trop ennuyé.
Compter les ampoules immortelles.
Juste juste ça.
Ce vide perpétuel.
Fait de rêves
impraticables.
Les mains pleines
de rien
de bien
salutaire.

Ça ne se peut ben pas.

Faut que
j'agisse
que je change mes façons.
Suive des passions.

Comme de cuisiner
des poissons.

Entiers.

Fleur à épines

C'est ainsi
que je me souviens d'elle :
Cheveux jaunes fous
et sales. Regard
de smackée. Hâve.
Jupe noire
et collants peau de serpent.
Lèvres gonflées.
Dévoilant un peu de dents.
Si bizarrement sexy.
Comme une île.
Dans une flaque de Pepsi
au Provi-Soir.
Ma junkie girl.
Ma gentille girl.

Elle avait échappé
un mégaformat de pétilleux
en fontaine sur le plancher.
Elle se tenait debout.
Surprise. Humiliée.

Je la trouvais formidable
désirable.
Love et pain tranché.
Paralysé charmé.
Par tant de maladresse d'asthénie et de douceur.
Je ne pouvais pas lui parler.
J'en aurais trop dit.
Des folleries.

Comme chaque fois que je l'ai croisée.
Je n'ai su que zyeuter.

Et je ne l'ai plus vue
depuis.
Un bon bout de temps.
Je ne l'ai pas vue encore.
En ce moment.

Elle me manque atrocement.

J'ai flanché.
Pour elle
il y a deux ans.
Assis dans un parc bleu
avec son chum et un gars nommé Moineau.
Ils étaient trois jeunes punks
attendant la débine.
Moineau parlait de guns
de s'il y en avait
et de provoquer la chute du gouvernement.
Que règne l'anarchie. Où tout le monde aurait
tout et rien. Tous des riens.
On cramait un joint. Que j'avais offert
lorsqu'ils avaient demandé si je vendais
du grass.
Et elle.
Silencieuse comme la queue d'un paon.
She waz oh
so marvelous.
Le cheveu orangé.
La peau hâlée
bronzée d'après-midi à squeeger.

Elle était clean d'héroïne.
Quoique transpirant un relent d'acide.
Détectable.
Dans ses prunelles bleutées.
Je jacassais avec son chum
d'Henri Rollins de brosses au rhum.
Il jouait au tough.
Je jouais au placide.
Elle restait coite.
Levant le menton dans le vent
en pose de déesse de banc de parc.
Elle respirait.
Elle souriait. Un peu croche.
Mon éolienne ivresse
Ma junkie girl.

Tabarnack.
Encore il n'y a pas.
Si longtemps.
On se regardait souvent.
Marchant sens inverse sur les trottoirs.
Ou lorsqu'elle squeegeait
mouillée penchée
sur les pare-brise.
De jour comme de soir. J'implosais
d'un désir atteint d'astomie.
Je me sentais si bien. Sugar free.
Tout fou.

Un autre soir.
Dull. En moi comme sur la rue.
Elle avait lancé
une braise avec ses yeux pers
dans mon esprit en gazoline.

En me frôlant sous les néons
mauve rose du peep show.
Pourchassant son dragon.
Encore à sourire avec le vent.
À moitié découverte beatnik dans le frette.
La neige tombait.
Sur moi
elle fondait.

Et de retour à la maison
je m'étais trouvé inquiet.
Et je l'ai cherchée.
Toute la nuit sans la trouver.
En me parlant anglais.
« You know
this is crazeee.
Why do you care
so much. You can't
even sayyy a damn word
to her.
Not a damn word. »

Et la dernière image que j'ai d'elle.
Par ma fenêtre.
Elle criait kickait le néant.
Zippée dans un perfecto
pour cacher les phlébites et sa maigreur.
Elle invectivait deux gars. Deux brutes.
No brain.

Ils l'ont
prise par les bras.
Ma momie girl
Ma junkie girl.

Ça m'a affligé.
Je suis sorti du building
en courant comme Flash.
Comme un redresseur de tares.
Mais je l'ai perdue encore.
Pas revue.
Depuis. Et pis.
J'ai la mélancolie
qui me grignote
        qui me grignote.

Je suis une toast sèche.
Je ne ressens plus.
Rien de bien. Rien de mal.
Je me demande juste
où elle est.
En vie
        sans vie.

Ça me beurre de désespoir.
De ne pas savoir.
De ne plus la voir.

Je pense à elle
et je me suis fabulé qu'elle boucherait les trous.
Dans ma tête
mes bas
mes pantalons.
Qu'elle y coudrait des patchs colorés
et des soleils couchants souriants.

J'empêcherais ceux de sa chair de se faire.

Je l'ai tant imaginé tout ça. Quarante-quatre fois.
Et je l'imagine encore.

Je voudrais que mes cérébralités deviennent
vraies
mais je suis peureux comme un hamster.
Les abajoues emplies d'un rêve.
De fuel de fou.

Je la vois déjà belle
les yeux bouffis
toute pâle et échevelée
cassante dans la lumière du matin.
Je la vois portant un t-shirt noir
trop grand comme une jaquette.
Un slip blanc avec fleurs vertes.
Et j'apporte en silence le café fumant.
Un joint bien roulé.
Et je baise sa nuque
j'embrasse son squelette.
Je colle mon cou à son cou.
Et dans cette embrassade
on est moins lourds.
Qu'un joueur de football de la CFL.
Ma junkie girl.

On est size small.

Et je suis si pissou.

Haïkaï-47

1

Chat se vautrant
Sur asphalte noir
Verre brisé

2

Elle m'a dit : je
Me dois de fréquenter
Gens plus clean

3

Nuit. Endormi
Papillon butant
Contre ma paupière

4

Joint tombé
Eau de cuvette
Où j'ai pissé

5

Grisaille d'automne
Toit de discothèque
Frisson du pigeon

6

Elle reste là
Seule. Dans le parking
Automobile

7

Guinness qui mousse
Œil du buveur patient
Lent prédateur

8

Fuyant ma main
Cache-cache dans la cuisine
Mouche rapide

9

Parc Jean-Narrache
Cul mouillé. Sur le banc
Rosée du matin

10

En bobettes
Hip-hop dans les oreilles
Lendemain de veille

11

Matin maudit
On m'a encore volé
Journal quotidien

12

Soudainement
Le lecteur de nouvelles
Perd son sourire

13

Après-midi
Chant d'oiseau et fatbeat jazz
À la radio

14

Plus belle que jamais
Ce soir. Junkée. Elle marche
Jeune fuckée

15

Fondus
Sous soleil trop brûlant
Les 45 tours

16

Ils rigolent
Après avoir matraqué une jeunesse
Les policiers

17

Soleil aveuglant
À l'ombre un chien errant chie
Coin de la rue

18

Sur la table
Petit bol en bois
Deux sous noirs

19

Elle s'éloigne
Bientôt je ne l'entendrai plus
Sirène de police

20

Vieilles bottes
L'eau froide fait son chemin
Jusqu'aux chaussettes

21

Le moineau crache
Un insecte de son bec
S'envole encore

22

Strip girl dansant
Yeux agrandis des hommes d'affaires
Asiatiques

23

Taon que j'ai tué
Des fourmis viennent en bande
Pour te dépecer

24

Sous son manteau
Cache bouteille de bière
L'amère Indienne

25

Sous la pluie
Elles courent en riant
Mère et fille

26

Amoureux punks
Sous le même sleeping bag
Embrassés pour la nuit

27

Vaisselle cassée
Clients applaudissant
Waitress gênée

28

Sourire du visiteur
Bière dans sa main
Chez moi

29

Au travail
Colis fragile
Cœur de plastique

30

Sourire de femme
Roulant sur bicyclette verte
Joie passante

31

D.J. Vadim
Je m'endors sur la table
Marijuana

32

Casse-croûte
Cook coupant habilement
Smoked meat fumant

33

Ghetto-blaster
Épaule de freak musclé
Iron Maiden

34

Mortes les fourmis
Gourmandes. Elles ont goûté
Poison violent

35

Café chaud.
Pénombre. Lampe allumée
Ataraxie

36

Deuxième tiroir
Fusil de départ
Inutile

37

Sous le soleil
Vamp bronzant nue
Tourne la page

38

Parfaite passe
Tir sur réception
C'est le but

39

Vieille bouteille
Empoignée. S'en vont effarées
Mouches de bière

40

Plante d'intérieur
Perd ses feuilles
Gagne en fleurs

41

Masturbation
Eau de bain grise. Chaude
Moment d'astress

42

Sapin de Noël
Debout dans la fenêtre
Unique branche

43

Magasin désert
D.J. spinnant les vinyles
Solitaire

44

Gouttes collées
Sur la plante-araignée
Tristesse

45

Son chum en cris
Elle s'éloigne de dos
Hèle un taxi

46

Midi trente-deux
Faut déjà allumer
Lampes froides

47

Dans le frigidaire
Y a pâté chinois
Pas d'inquiétude

Table

CET OUVRAGE
COMPOSÉ EN BODONI CORPS 12 SUR 14
A ÉTÉ ACHEVÉ D'IMPRIMER
LE DIX OCTOBRE DE L'AN DEUX MILLE
PAR LES TRAVAILLEURS ET TRAVAILLEUSES
DES PRESSES DE SINA
À SAINT-LÉONARD
POUR LE COMPTE DE
LANCTÔT ÉDITEUR.

IMPRIMÉ AU QUÉBEC (CANADA)